Citas Tántricas

Encontrando Amor y Consciencia en el Proceso de las Citas

Catherine Auman, LMFT

Terapeuta Licenciada en
Familia y Relaciones

Green Tara Press

Green Tara Press

Los Angeles, CA

www.greentarapress.com

"Los ojos: Tus Falsos Amigos" y "La Meditación del Huevo" se publicaron previamente en el libro *Camino corto a la consciencia: 100 formas de crecer personal y espiritualmente* de Catherine Auman

© 2017, 2020 Catherine Auman

Derechos Reservados. Primera edición 2017.

Segunda edición 2020.

Número de control de la Biblioteca del Congreso: 2020910065

Datos en publicación de la Biblioteca del Congreso

Auman, Catherine I.

Citas Tántricas: Encontrando Amor y Consciencia en el Proceso de las Citas

1. Autoayuda 2. Citas 3. Espiritual

ISBN 978-1-945085-36-9 Tapa blanda

ISBN 978-1-945085-37-6 Texto de libro electrónico

Foto del autor por Charity Burnett

Diseño de portada e interior del libro por Lilly Penhall

Traducido al español por Denise Lèbre y revisado por Lori Celaya PhD

LOAS PARA CATHERINE AUMAN

"Para aquellos lectores, hombres y mujeres, que deseen enriquecer sus vidas amorosas, investigar y tomar en consideración los sabios consejos de Catherine podría ser la respuesta y el camino que están buscando."

— *Osho Times*, revista internacional en línea

"Durante muchos años se han escrito libros sobre cómo ser astuto, cauteloso o falso en el mundo de las citas siguiendo "las reglas." Gracias a Dios que Catherine Auman nos da una distinta y mejor explicación. Este es un libro para personas que quieren que la integridad, la autenticidad y la conexión genuina sucedan de verdad. Es un enfoque muy necesario que se siente nuevo y atemporal."

— Leonard Felder, PhD, autor de *Pertenecer está Sobrevalorado*

"Amo este libro. Gracias, Catherine Auman. Si no ha leído o no sabe nada sobre el enfoque tántrico de las citas, consulte este libro y considere asistir a uno de los talleres de Catherine, una forma realmente distinta de ver las cosas."

— Carina Eriksson, casamentera profesional

"El libro *Citas Tántricas* ofrece una claridad y una visión muy necesarias del mundo de la sexualidad sagrada y del controversial o a veces mal interpretado término "tantra." La autora es auténtica y enseña que el amor siempre está disponible y que cambiando nuestra percepción es la mejor manera para comenzar."

— Corey Folsom, coach de sexo y relaciones

"Cuando se trata de aprender sobre citas, confiaría completamente en Catherine Auman y apreciaría su perspectiva."

— Vince Kelvin, líder de seminarios y entrenador

CONTENIDO

Introducción 9

MENTALIDAD DE CITAS TANTRICAS 19

¿Qué significa "Tantra?" 21

Citas Tantricas ó citas convencionales 25

La sociedad esta en contra del amor 29

El problema de la apariencia 33

Toda la cuestión de la "química" y "la confianza en tu percepción" 37

¿Es realmente rechazo? 41

¿Qué hay de la gente tóxica? 45

Todos somos hermanos y hermanas espirituales ayudándonos a crecer 49

Culpando a los demás porque no somos amorosos.................. 53

Depende de mí si te amo o no; no es cosa tuya 57

La invención del amor romántico.................. 61

El dolor del amor romántico puede ser bueno para tí (hasta cierto punto) 65

Voy a vivir enamorado.................. 69

¿Cómo abrirme más al amor? 73

Defendiendo el amor 77

EJERCICIOS PARA CITAS TÁNTRICAS 81

EJERCICIO #1: Tus ojos—tus falsos amigos 85

EJERCICIO #2: La meditación del huevo 89

EJERCICIO #3: Citas Tántricas *Metta* 93

EJERCICIO #4: Citas Tántricas *Tonglen*.................. 95

EJERCICIO #5: Practicando principios de Citas Tántricas 97

EJERCICIO #6: Tu amado perfecto en este momento 101

Reconocimientos 105

Acerca del autor 107

Conectándote con Catherine Auman 109

La Serie Maestra de Tántricas 111

Obras de Catherine Auman 113

INTRODUCCIÓN

Fue un cumpleaños significativo, uno de esos años en los que haces un recuento de si estás donde quieres estar. En la mayoría de las áreas de la vida, tenía que admitir que me estaba yendo muy bien: éxito en la carrera que había elegido, excelente salud, amigos encantadores, un departamento lindo, estabilidad económica, la mayoría de las cosas que todos queremos, excepto por la única cosa que realmente me importaba—estar en una relación de alma gemela con mi Amado Perfecto. No es que no lo haya intentado. Desde que descubrí por primera vez a los niños (aparte de mi hermano) en el Kinder, lo había estado intentando. Después de innumerables citas a ciegas, citas malas y chicos malos, libros y artículos de consejos sobre relaciones, citas en línea y en persona, una incursión temprana (un poco de mala gana) en la cultura del "amor libre," interminables horas de terapia, muchas, muchas relaciones y dos fracasos matrimoniales.

Tenia que admitir que era un desastre en las citas. Le conté todo esto a una amiga de mucho tiempo del area de la bahía que me preguntó cómo podía ayudarme. Como ella participaba activamente en las citas en línea, le sugerí que nos comunicáramos para comparar notas un par de veces por semana. Comenzamos a charlar frecuentemente a altas horas de la noche, evaluando las citas y descifrando los textos. Al poco tiempo conoció a alguien y con eso, quede nuevamente sola.

Tomé la decisión de lanzarme al ruedo. Realmente quería lograrlo esta vez, sin importar nada. Iba a llegar al fondo del asunto y convertirme en una Maestra de Citas y Relaciones. Decidí comprender las citas de una vez por todas, cueste lo que cueste. Y a mí me costó mucho.

Sentarme en mi sofá los sábados por la noche, ver Netflix mientras tomaba una copa de vino no estaba funcionando. Necesitaba entrar en acción. Me uní a cinco sitios de citas en línea y más de veinte Meetups (lo cual es genial porque siempre recibes invitaciones en tu bandeja de entrada). Descargué una aplicación que tenía un calendario de todas las inauguraciones de arte en la ciudad y me aventuré a las inauguraciones de galerías de arte (vino gratis y hipsters intrigantes).

Volví a la terapia para completar algunos asuntos de la infancia que aún no concluía (había estado mucho en terapia, pero aún así... a veces, cuando vienes de una infancia difícil, lleva un tiempo) y contraté a un guía para citas. Un guía de citas poco común: De hecho, contraté a un Pickup Artist.

Había leído "El Juego" en los años 2000 y me di cuenta de que esos hombres saben mucho más de lo que se enseña en los libros de citas para chicas que, en general, son bastante ingenuos. Siempre fui un poco tímida y tenía miedo de acercarme y charlar con un hombre a quien encontraba atractivo, y el entrenamiento de conquista me ayudó a superar todo eso.

Con la ayuda de mi guía comencé a salir "al campo," es decir, a la vida real donde los hombres podrían estar pasando el rato. Fui a todo lo que se me ocurrió para conocer hombres, en su mayoría callejones sin salida. Poco a poco, mis habilidades para las citas mejoraron y los hombres que atraía se acercaron más y más al anhelo de mi corazón. Las citas en realidad se volvieron divertidas y yo jugaba en el campo disfrutando de mi nueva libertad.

Tuve más de 150 primeras citas en línea, seguidas de segundas y terceras citas y, a veces, parecía estar funcionando. Conocí de 2 a 3 hombres a la semana, a veces 2 o 3 en un día. Me obligué a salir:

Meetups/encuentros, inauguraciones de galerías, eventos para solteros, eventos para establecer contactos, bebidas verdes, lecturas de poesía, salidas a museos y, básicamente, cada vez que iba a Trader Joe's. Viajé con amigas celestinas y sin ellas y me desafié a mí misma a acercarme a los hombres que encontraba interesantes. Creé pequeños juegos para cuando estaba desanimada (lo cual sucedía a menudo), como antes de irme a dormir, necesitaba contactar a 10 personas en línea. Por lo general, 2 contestarían. Progresé en la terapia y trabajé duro con mi guía.

Sin embargo, siempre me inquietaba una pregunta: ¿cómo coexistía todo esto con mi vida espiritual?

Verás, había vivido en el ashram de Osho en la India durante un año, una inmersión de tiempo completo en el Tantra y la meditación.

La forma en que los amantes potenciales se reunían allí era muy diferente a la del mundo convencional. La gente allí primero se conocen como amigos, y después de eso se vería si era posible una amistad sexual.

En nuestra escena contemporánea de citas en occidente, "la zona de amigos" se considera la muerte. En el ashram y en el Tantra, la Zona de Amigos es exactamente donde quieres estar. Solo si tú y tu amante son amigos, establecerán la confianza y la intimidad necesarias para el buen sexo y una buena relación.

En los ejercicios de los grupos de Tantra nos acercamos y nos "enamoramos" de personas que nunca hubiésemos elegido si hubiésemos dejado que nuestros ojos fueran el criterio principal como lo hacemos en occidente. Aprendimos a sentir la frecuencia de otra persona, a evaluar nuestro nivel de comodidad y seguridad. Practicamos decirnos la verdad radical el uno al otro, una práctica desaprobada por las citas convencionales. Disfrutamos el proceso de conocernos en lugar de considerarlo una tarea enorme e irritante. Y experimentamos amar a quien estaba presente en este momento, en lugar de esperar a quien tal vez nunca llegue.

Durante años, no pude reconciliar lo que había aprendido en el ashram con el mundo convencional de las citas en el que ahora intentaba navegar. Pero poco a poco comencé a entender cómo las citas podrían ser parte del camino espiritual. Observé mis juicios, mis prejuicios: ¿realmente creía que solo las personas convencionalmente atractivas eran dignas de amor? Observé cómo buscaba las cosas equivocadas en lugar de la única cualidad que es realmente importante: la amabilidad.

Me di cuenta de que la razón por la que había atraído a hombres que eran parcialmente amorosos era porque yo era parcialmente amorosa. Acepté dolorosamente que el denominador común en mis relaciones amorosas era yo. Y si quería conocer a un hombre que fuera verdaderamente cariñoso, tendría que evolucionar más allá y dejar de ser poco cariñosa con los hombres que conocía o incluso los que veía en línea.

Tuve que confrontar las fantasías románticas al estilo de Disney que me habían alimentado en películas, libros y canciones que el amor vendría a mí por arte de magia. Tuve que hacer frente a la discriminación por edad de la cultura y dentro de mí que las mujeres (personas) de cierta edad son demasiado viejas para encontrar el amor, o que a los hombres solo les gustan las mujeres más jóvenes. Esto es enfáticamente, falso. Después de progresar en mi trabajo de citas, salí con hombres de 28 a 68 años y en todas partes intermedias. (El joven de 28 años, verdaderamente atractivo de Turquía, me rogó que lo tomara en serio como mi novio. Le dije que no). Tuve que trabajar duro para superar todos estos mitos culturales.

Debido a que son mitos y porque comúnmente se cree que son ciertos, son insidiosos.

Eventualmente me volví más amorosa a través de mi proceso de "CitasTántricas," amando lo suficiente como para atraer a un hombre amoroso.

Después de tres años y medio de arduo esfuerzo, conocí a mi Amado Perfecto. No lo reconocí al principio. Es cierto que me persiguió, pero si no hubiera aprendido por medio de lo que hice a través de décadas de trabajo conmigo misma, no nos hubiéramos conocido ni tendríamos la relación perfecta de Almas Gemelas que tenemos hoy. Nos casamos después de dos años de estar juntos, y juntos hemos creado una relación en la que ambos siempre decimos: "No sabía que una relación podría ser tan maravillosa."

Es por eso, que quiero enseñarte mi método de Citas Tántricas que atrajo y creó la relación con la que soñé desde el jardín de niños. Varias personas han reportado cambios profundos en sus actitudes después de leer este libro. Otros lo han criticado por ser un poco corto, lo cual es cierto. Aún así mantengo que su contenido es importante, si realmente lo digieres, es todo lo que necesitarás. Tienes que tener la voluntad de examinar a que grado te ha afectado el lavado de cerebro del mundo convencional y entonces decidir por ti mismo.

Elige convertirte en la persona amorosa que tu corazón sabe que eres. Compártelo con el mundo, y el amor no te lo podrá negar.

MENTALIDAD DE CITAS TÁNTRICAS

¿Qué queremos cecir con "Tantra?"

Cuando la mayoría de las personas escuchan la palabra "Tantra," piensan en sexo y, a menudo, aquí en el mundo occidental, se utiliza "tantra" como un término de marketing, insinuando que debes comprar algo porque es TANTRA, tal vez hayas visto algo así.

En realidad, Osho, un maestro espiritual y maestro de tantra de la India, lo explicó de esta manera: En esencia, todas las enseñanzas básicamente se reducen a uno de los dos caminos hacia Dios, la iluminación, la realización, cualquier término que quieras usar: el yoga o el tántrico.

En los círculos de la Nueva Era verás que todo se mezcla, pero si miras de cerca, verás que en realidad hay dos caminos separados.

El camino yóguico dice que tenemos que hacer ciertas cosas para llegar a Dios: hay que comer de cierta manera, tratar de nunca enojarse, debes usar cierto tipo de ropa, o evitar el sexo. Hay cantidad de formas en las que puedes desarrollarte y tratar de cambiarte a ti mismo, y en occidente en particular diríamos que somos mas "yoguis" porque todos estamos en desarrollo, tratamos de ser mejores, queremos convertirnos en personas superiores. y queremos llegar alto (mas alto).

El camino tántrico, que no es tan conocido, dice que no hay nada que hacer, ya todo es perfecto. En este momento, ¿te falta algo? Todo está permitido, todo es santo, todo es divino, no hay nada que debas mejorar.

No necesitas comer de cierta manera; no necesitas suprimir tu sexualidad; si estás enojado, enójate. Osho hacía que la gente se enfadara por completo, y en su Meditación Dinámica se volvían locos de coraje y sacaban toda su ira en lugar de tratar de reprimirla. El punto no era crear un mundo lleno de gente enfadada, el punto era crear personas que fueran completamente humanas, y estar enfadado es una parte esencial del ser humano. Entonces, el camino tántrico diría que todo en ti es humano y hermoso, incluyendo a tu ira, tu dolor, tu sexualidad.

Osho decía: celebra todo lo que eres, este es el camino tántrico. Han habido diferentes caminos que se hacen llamar Tantra, y encontrarás algunos que en realidad son yóguicos en el sentido de que enseñan ejercicios para convertirte en un súper amante, una super-estrella del Tantra.

El Neo-Tantra de Osho no era así; se trataba de enfrentar tus miedos, crecer en el amor y el sexo, y en el proceso experimentarte a ti mismo como un ser completamente sexual.

Citas Tántricas ó citas convencionales

Las citas convencionales en sí mismas nos hacen pensar que hay algo que no esta bien con los demás y algo que no esta bien con nosotros.

Otras personas no se ven bien, o tú no te ves bien. Ellos no son adorables, y tú no eres adorable. No caminan de la forma adecuada; y tú tampoco eres muy cool en tu caminar. La mentalidad convencional nos empuja a ver a los demás y a nosotros mismos como extraños, poco atractivos y desechables.

El proceso de citas convencional nos anima a sentir que no lo estoy haciendo bien, que no conozco a las personas adecuadas, que no soy lo suficientemente atractivo para salir.

Para las mujeres es "no soy lo suficientemente bonita" y para los hombres es "no soy lo suficientemente exitoso" continuando el ciclo mortal de enfocarse excesivamente en la apariencia de las mujeres y el estado económico de los hombres. Estos mitos sobre quién es adorable y quién no, mantienen a las personas en casa y no buscan el amor porque creen en el mito de que "no soy lo suficientemente bueno," "no soy lo suficientemente bonita," "no soy lo suficiente exitoso," "no estoy lo suficientemente atractivo," es interminable.

Todo es una cuestión del ego, el creer que la apariencia superficial de alguien no sea de mi agrado.

Todos los que conoces en una cita se ven a través del marco de si son candidatos para la fantasía del amor perfecto o no, ¿es muy duro no?

Si no es candidato, hay que botarlo rápidamente seguido de una historia divertida para los amigos: "Ay Dios, ya no podía soportar estar en esa cita por tanto tiempo; fue horrible... etc."

Toda esta mentalidad convencional es anti-amor, ya sea amor por uno mismo o por los demás.

Desde una perspectiva tántrica, cada persona que conoces es la persona adecuada en este momento. Si miras a la persona que está a tu lado, en este momento es tu amado. Ella o él es tu verdadero amor, aquí y ahora.

El amado no es alguien con quien te vas a encontrar en el futuro; no es alguien que va a llegar montado en un caballo blanco o con quien tu mirada se cruza en la pista de baile. En este momento, aquí es donde el amor está disponible; quien esta frente de ti, es a quien es posible amar.

¿Estás disponible tú para este amor?

Si siempre estamos pensando que no puedo amar a esta otra persona porque no es lo suficientemente buena para mí, se trata de ti, no de la otra persona. ¿Qué tal?: déjame disfrutar de este otro ser espiritual y aunque no sea la fantasía romántica, estamos juntos en este lugar perfecto compartiendo amor en este momento perfecto.

La sociedad está en contra del amor

La sociedad está diseñada para alejarte de la intimidad con los demás porque no estás gastando dinero durante este tiempo. La intimidad es enemiga del consumismo porque tu sensación de bienestar es tan grande que no necesitas comprar bienes materiales para ser feliz.

—Peter Rengel

Conocí a Peter Rengel como maestro en uno de los talleres de Amor, Intimidad y Sexualidad en el Instituto de Conciencia Humana — (HAI) por sus ciclas en Ingles — Human Awareness Institute.

Están ubicados en el Área de la Bahía, y aprendí mucho mientras subía al nivel cinco en su sistema.

También trabajé individualmente con Peter como mi terapeuta, así que tuve la suerte de aprender mucho de este hombre cuya misión en la vida es "ayudar a las personas a amarse más a sí mismas." ¿Qué tan espectacular es eso?

Peter señaló, como en la cita anterior, que la sociedad está diseñada para seducirte para que dejes de tener intimidad con los demás porque si estás enamorado y satisfecho no gastarás dinero. Si estás enamorado y satisfecho, ¿qué necesitas comprar?

Verifiqué esto hablando con un amigo que ha estado casado durante 25 años, quien me dijo, que él y su esposa solo trabajan, se quedan en casa y cocinan, miran películas y hacen el amor, y eso es todo lo que hacen.

Están muy contentos con sus vidas.

Piensa la cantidad de dinero que se gasta en el proceso de citas; es toda una industria. Tienes que gastar dinero en las citas, comprar comida cara y beber más alcohol del que sueles beber. Tienes que comprarte ropa de citas, que para las mujeres debe ser sexy y los hombres tienen que mostrar cuánto dinero hacen.

Ciertos restaurantes se clasifican como el lugar ideal para citas, así como ciertos bares de moda, también están los eventos caros para solteros y sitios de citas en línea para conocerse. Es un negocio multimillonario mantenerte soltero e infeliz, porque si te enamoras vas a dejar de gastar dinero en todo eso, no les conviene y la sociedad se detendrá. Entonces, todo el asunto es anti-amor, como señaló Peter, lo cual es realmente alucinante.

También notarás que no es casualidad que la mentalidad de citas convencional sea el modelo de consumo en el que se busca adquirir un artículo de alto valor, y luego, cuando pasa de moda, comprar otro que presumiblemente es más "caro."

El problema de la apariencia

Para muchas personas, la mayor barrera para encontrar pareja es la apariencia de la otra persona. Es difícil vivir en esta cultura y no dejar que te laven el cerebro para creer que solo ciertas personas son atractivas. En la mentalidad que domina, solo las personas convencionalmente atractivas pueden ser consideradas sexualmente atractivas y, por lo tanto, dignas de de ser amadas.

Tuve suficiente suerte de que esta pseudo-realidad se destrozara participando en grupos de tantra y más tarde en HAI. El primer método utilizado para desafiarnos fue que estuviéramos desnudos todo el tiempo. Al principio es difícil, pero te acostumbras a estar cerca de cómo se ve realmente la gente, lo cual es bastante diferente, por supuesto, a las imágenes retocadas con Photoshop que nos enseñan a desear.

Es una buena práctica sentirse cómodo estando desnudo con otras personas (lo que se puede hacer en spas o resorts de ropa opcional)—puedes presenciar la humanidad vulnerable de todos.

Sin embargo, lo que me llevó a otro nivel de conciencia fueron los ejercicios que hacíamos desnudos y con los ojos vendados, en los que extendíamos la mano, nos tocábamos y acariciábamos — quizás un brazo, el precioso corazón de alguien— y sentíamos sin poder ver: ¿cuál es la naturaleza de mi atracción por esta persona? ¿Qué tipo de energía tenemos los dos sin el prejuicio de la vista? Pasaríamos a tocar a alguien más preguntándonos, ¿cuál es la naturaleza real de mi atracción con este cuerpo? ¿Es una amistad? ¿Una conexión sexual? ¿Una combinación de ambas? ¿Es repelente porque me recuerda a mis padres? ¿O una suave, forma de estar, unidos?

No poder ver perfeccionó mi habilidad para sentir las diferencias en las energías y la verdad de mi atracción. Los que estábamos en el grupo descubrimos que nos atraían personas que nunca hubiéramos imaginado, y todos nos enamoramos unos de otros sin importar nuestro aspecto.

La apariencia es algo que no podemos controlar, junto con la edad y la estructura ósea. Para mí, en realidad se ha convertido en una de las cosas menos interesantes de una persona, porque es con lo que la gente nace y no puede controlar. Preferiría sentir la naturaleza real de mi atracción por una persona en vez de a lo que he sido condicionada a desear. Hemos sido condicionados para comer comida chatarra; hemos sido condicionados a querer muchas cosas que son "tóxicas." Es el ego aferrado a la idea de que yo, el gran yo, debo tener una persona del brazo que me haga lucir aún mejor.

Todo el tema de la "química" y "confiar en tu instinto"

En el mundo de las citas, la mayoría de la gente asiente y dicen estar de acuerdo en que lo que buscan es "química." Otras frases similares que se escucharan son "usar mi intuición" y "confiar en mi instinto."

Estas son a menudo las mismas personas que creen que pueden decir en cinco segundos si alguien es digno de su amor o no.

Me gustaría hablar al respecto como terapeuta. Un artículo de mi libro, *Camino corto a la conciencia: 100 Maneras de Crecer Personal y Espiritualmente* titulado "Tu Peor Pesadilla," cita a Terry Gorski, un renombrado consejero en dependencia química.

Gorski afirma que cuando tienes el sentimiento de amor a primera vista, debes dar la vuelta y correr en la dirección opuesta. A veces lo que pensamos como "química" significa programación desde nuestra infancia, y puede que no sea una buena señal.

Como ejemplo extremo, todos hemos escuchado hablar de alguna mujer que fue golpeada por su padre en la infancia, y que ahora no sale de una relación donde el hombre la golpea. Nos preguntamos, ¿por qué no se va? Bueno, ella fue programada desde la infancia a que recibir una paliza significa amor, por lo que va a sentir "química" cuando conozca a un hombre que tenga esa misma energía. Al principio él va a parecer un caballero y ella va a pensar: "Oh, finalmente conocí a alguien que no es un abusador," pero esa "química" que surge del acondicionamiento en la infancia va a prevalecer la mayor parte del tiempo a menos que haya trabajado lo suficiente para quitarle poder.

Entonces, cuando las personas dicen que están buscando "química," a menudo están buscando problemas que van a desencadenar asuntos pendientes del pasado.

Con suerte decide entrar en terapia y dejar de sentirse atraída por alguien que la lastima o que de alguna otra manera la maltrata y noes bueno con ella.

Hay muchas cosas que pueden desencadenar una fuerte reacción al conocer a una nueva persona. Es posible que el sentimiento sea una buena señal, pero sugiero que la gente no diga ciegamente "Oh, es química." Cuando tengas ese sentimiento, date cuenta que podría haber muchas posibilidades y no creas ciegamente que significa que este es "el indicado."

¿Es realmente rechazo?

Las personas sofisticadas que hacen citas convencionales, tarde o temprano, les cruzará por la mente que "las citas son una serie de rechazos" y que para tener éxito en las citas, tendrán que estar de acuerdo con lo inevitable. Un aforismo que se escucha es "Si quiere sentirse más cómodo con el rechazo, salga y sea rechazado cinco veces," la idea es que aprenderás a dejar de tomarlo tan personalmente. En cierto modo, aplaudo estos esfuerzos como un paso en el camino para darme cuenta de que las citas no tienen por qué doler tanto, ya que yo pasé por un proceso similar anteriormente. Recuerdo una época en la que tenía miedo de tener citas porque me parecía horrible tener que rechazar a la gente, y con frecuencia escucho a mujeres decir lo mismo. Tener que rechazar puede ser casi tan doloroso como ser el rechazado.

Algunas personas que salen en citas convencionales utilizan una frase que aprendieron del programa de 12 pasos y es "El rechazo es la protección e Dios," esto los ayuda a ver que tal vez esta no sea la persona adecuada o el tiempo adecuado; a lo mejor "el rechazo" sucedió por una buena razón.

Pero ¿qué pasa con nosotros cuando usamos la palabra "rechazo?" ¿Cómo nos sentimos? Terrible, mal y humillados. También se siente uno mal de ser cruel y "rechazar" a otro ser humano. Debemos tener cuidado en la forma que escogemos las palabras que usamos — pueden crear todo tipo de estados, situaciones y mentalidades, y la palabra "rechazo" puede crear sentimientos que incapacitan.

¿Qué pasa si eliminamos por completo este concepto de "rechazo"? En cambio, podríamos ver situaciones de citas como lo hacemos con amigos potenciales: conoces a alguien en un evento y pasan el rato; pasas un buen rato hablando, pero no necesariamente te mueves a hacer planes para volver a verlos. En las citas, esto sería considerado "rechazo," pero en la vida cotidiana no se ve como rechazo, simplemente no tienes tiempo de pasar el rato. En las citas, este escenario se experimenta como doloroso, y no tiene por qué ser más doloroso que cuando conoces a alguien en un evento.

¿Qué pasaría si en su lugar dijéramos "simplemente no encaja bien" o "él/ella no era lo que esperaba" o "parecía una persona encantadora, pero debe haber cosas que no estaba viendo sobre él/ella"?

¿Qué tal si decimos cuando nos espantan: "Dios mío, esa es una persona que no parece comunicarse muy bien, de entrada parecía hacerlo, pero de repente se le cruzaron los cables." Necesito estar con alguien que sepa expresarse mejor."

Al usar palabras que la mentalidad convencional de las citas nos alienta a usar, podemos volvernos más duros, fortaleciéndonos contra el "rechazo." Todo el concepto de "rechazar" proviene del ego: esta persona no es lo suficientemente buena para mí, o yo no soy lo suficientemente bueno para ellos. ¿Qué pasa si simplemente disfrutamos de nuestro precioso tiempo con esta persona, y si no es lo mejor volver a estar con ella, no tiene por qué lastimarnos. Podría llevarse a cabo de una manera amorosa que no rechace a las personas ni sea rechazado por ellas.

¿Que tal la gente tóxica?

Sé que es un término bastante popular, pero no estoy de acuerdo con este concepto de que ciertas personas son tóxicas. No tiene ningún sentido para mí etiquetar a las personas de esa manera; Lo encuentro duro e inexacto. Tal vez podría ser útil etiquetar algunos comportamientos que las personas tienen como "tóxicos" para que aprendamos a desarrollar fuertes límites, pero nombrar a algunos seres como "tóxicos" a menudo se usa como una justificación para no amar a ciertas personas.

En una perspectiva tántrica nada es tóxico; en una perspectiva yóguica todo es tóxico o no es tóxico. En la visión tántrica del mundo nada está prohibido; todo es sagrado. Por lo tanto, una relación desafiante con una persona difícil puede ser justo lo que necesitamos para hacernos conscientes de ver en qué y cómo necesitamos crecer.

Obsérvalo: tu mente está ocupada pensando en razones por las que no debes amar a las personas. Son tóxicos, o no son lo suficientemente guapos, o no son espirituales, o tienen demasiados problemas.

¿Dónde está esa gente que no tiene problemas? La gente viene con problemas, y te van alterar y a complicar la vida, y eso es bueno.

Esta idea de "personas tóxicas" podría ser un pretexto para "¿cómo mantener alejada a la gente?" No conscientemente, por supuesto, es de forma sutil. ¿A quién puedo mantener alejado de mí porque son demasiado tóxicos y me traerán problemas? Tantas personas a las que no quiero dejar que se acerquen. Realmente, eso es concentrarse en cómo mantenerse alejado del amor.

Te pido que cambies tu pregunta 180 grados a: ¿Cómo puedo permitir que la gente se acerque? Usa tu inteligencia para descubrir cómo dejar entrar a las personas en lugar de cómo mantenerlas fuera. ¿A quién vas a permitirte amar? Considera eso en ves de estar pensando acerca de quién es tóxico. Abrete y déjanos entrar.

Todos somos hermanos y hermanas espirituales ayudándonos a crecer

Una actitud que desarrollé mientras estuve viviendo en el Ashram y disfrutaba de la atmósfera tántrica fue que *todos somos hermanos y hermanas espirituales ayudándonos unos a otros a crecer*. Nunca había pensado en los hombres con los que estaba involucrada de esta manera, por lo que fue algo revolucionario, y nunca había estado en un ambiente donde hombres y mujeres se trataban como tales.

Fue algo realmente hermoso ver el marcado contraste con las citas convencionales donde todos consideran a los demás como candidatos para el Amor Perfecto o para el basurero.

Un hermano mío en el planeta, un hermano o una hermana espiritual que también está evolucionando, creo que todos estamos evolucionando aunque no todos usen ese lenguaje.

Nos reunimos para que estos encuentros románticos y sexuales para evolucionar de cierta manera juntos. No sabemos por cuánto tiempo; no estamos a cargo de esa parte, no lo creo. Así que ha sido una mentalidad útil para mí sostener que nos estamos ayudando mutuamente a crecer, en lugar de aferrarnos a un resultado de fantasía que podría ser o no ser lo mejor para nosotros.

La fantasía de los cuentos de hadas es que un hombre va a llegar completamente formado como el príncipe perfecto, o para los hombres, que la mujer soñada va a venir totalmente formada como una Diosa voluptuosa, siempre con ganas de tener sexo, siempre amorosa. Si el príncipe siempre esta listo para el sexo, también estaría bien, pero es esta idea de que estos amantes perfectos vendrán a nosotros completamente formados es la causa de muchos problemas. ¿Quién está completamente formado?

Solo alguien que no sea humano, o que haya dejado de crecer, así que cuando conoces a una persona real que no este completamente formada, vas a estar decepcionado si sigues una mentalidad convencional.

Pero si sostienes que todos estamos aquí evolucionando y creciendo y somos hermanos y hermanas espirituales, entonces puedes permitir que la otra persona se relaje en tu presencia tierna y cálida y evolucione contigo. Tanto los hombres como las mujeres tienen cosas difíciles que superar a medida que aprendemos a ser más amorosos, y este camino de las citas, las relaciones y la sexualidad puede ser uno de los caminos hacia Dios. Puede acelerar rápidamente tu crecimiento y guiarte hacia el camino para convertirte en una persona más amorosa.

Culpar a otros porque no somos amorosos

Cuando explicamos que la razón por la que no tenemos amor en nuestras vidas es porque no hemos podido encontrar a la persona adecuada, ya sea porque todas tienen algún defecto o algo esta mal con ellas, siempre encontramos la forma de hecharle la culpa al otro, como que no tiene nada que ver con nosotros que no tengamos amor, en vez de decir, no estoy viviendo enamorado porque no estoy amando. La verdad es que no amo a las personas que conozco, las rechazo y no les dedico tiempo.

Algunos de los antiguos tántricos (personas que practican el tantra) fueron torturados por sus creencias porque la gente tenía muchos prejuicios contra ellos.

En una secta, la pareja vivía toda su vida cosidos juntos a una prenda. Piensa que ahora, en el mundo de hoy apenas se puede soportar tener al amante durante una hora y media antes de comenzar a chocar por algo vagamente irritante.

Por supuesto que estoy exagerando (¿lo estoy?), pero todos nos hemos acostumbrado a hacer las cosas a nuestra manera, y nuestros egos chocan cuando pasamos mucho tiempo juntos. En uno de los ejercicios en el ashram, experimentamos tomando la mano de un compañero sin soltarlo durante tres horas. Caminábamos haciendo todo juntos, y vi cuánto tiempo se necesita para tener intimidad. Nos tomó mucho tiempo extender las manos para tomar la comida en la línea, caminar juntos hacia la mesa, fue exquisito, y realmente un verdadero lujo. Entonces tuve la sensación de que se necesita mucho tiempo para ser amoroso, y simplemente no tenemos ni nos tomamos ese tiempo. Todos estamos demasiado ocupados.

Si quieres sentarte y tomar un café con alguien y quieres disfrutarlo sin importar cómo sea, vas a tener que relajarte y hacerlo.

Hay que tomarnos el tiempo en lugar de preguntarnos qué tan rápido puedo irme. Tomará tiempo descubrir cómo saborear a la persona. Tomará tiempo tener amor, y tomará tiempo convertirse en una persona amorosa.

Escucho mucho esto: no puedo encontrar a nadie; no hay nadie a quien amar. ¿En serio? Hay 10 millones de personas en Los Ángeles, 20 millones en el sur de California. ¿Cómo es posible que no encuentres a alguien? Se trata de ti, se trata de mí, se trata de nosotros si no podemos encontrar a alguien; no se trata de la falta de otros candidatos. Si estamos dispuestos a asumir la responsabilidad espiritual, no es culpa de la otra persona. La otra persona es una oportunidad para que aprendamos a ser más amorosos, y ¿quién tiene que ser? Podría ser cualquiera, podría ser esa persona sin hogar sentada en la banca, pero lo hacemos muy difícil.

Depende de mi si te amo o no; no depende de ti

Solo depende de mi si te amo o no; no depende de ti. En realidad no tiene nada que ver contigo en lo absoluto. Tiene todo que ver con si mi corazón está abierto al amor o no. Entonces, cuando estoy sentado frente a ti en una cita para tomar un café y nos encontramos por primera o décima vez, no se trata de las características y rasgos que puedas tener o no. Yo decido amar o no amar, no tú.

Es un gran ejercicio espiritual sentarse y ver cómo tu ego trata de convencerte de por qué no es posible amar a esta persona. Tu ego dirá, "bueno, ella está usando un reloj como ese, no podemos amar a una persona que usa esa marca."

Ese soy yo y no el que lleva el reloj, ¿cierto? El tipo de reloj que lleva puesto y si eso la hace adorable para mí no tiene nada que ver con ella, tiene todo que ver con mis prejuicios. También puedes usarlo si eres valiente para mostrarte cuán poco amoroso eres, porque tu fantasía es que eres una gran persona amorosa, y ni siquiera puedes amar a un simple ser que está sentado frente a ti.

Verse a sí mismo de esta manera en las citas puede usarse como una disciplina espiritual para ver "donde esta en mí el camino del amor," porque si no estoy conociendo a nadie a través del proceso de citas, se trata de mí, no de lo supuestamente deficiente que sea otra gente. Si tengo demasiados criterios sobre a quién podría dignarme a querer, me quedaré solo y solo, porque tengo la creencia equivocada de que nadie, excepto mi amante de ensueño, es lo suficientemente bueno para mí. Podemos desarrollar dentro de nosotros mismos un enfoque tántrico de que hay muchas maneras de amarte al "tú" que está frente a mí en este momento.

Realmente no puedo pensar en ninguna razón por la cual no amarte. No sé por cuanto tiempo nos conoceremos el uno al otro—tal vez por veinte minutos o tal vez dos años o tal vez el resto de nuestras vidas, pero ahora en este momento, es cosa mía, si decido amarte.

La invención del amor romántico

Leí un libro fascinante en la universidad llamado *El Amor en el Mundo Occidental* que decía que el amor romántico fue inventado en el año 1200 por los trovadores. Te acuerdas de los Trovadores, esos que vestían bombachos, caminando por las calles tocando laúdes, cantando sobre su amada. Elevaban a una mujer a un pedestal y la añoraban incesantemente; el objetivo del amor caballeresco era que nunca se consumaba. Era una época sexista, por lo que se trataba de hombres que adoraban a una mujer, y el objetivo era idealizar a la amada pero nunca bajar a la tierra para las pruebas y tribulaciones del amor.

Lo que es realmente fascinante, incluso más que el hecho de que el amor romántico no existía antes de esa época, era que las personas que lo inspiraban, los Cátaros, en realidad le cantaban a Dios, no a una mujer. Eran una especie de culto Bhakti extático, cantando himnos a Dios en un frenesí casi sexual. Fueron perseguidos por sus creencias y forma de adoración (luego fueron quemados vivos), por lo que ocultaron su pasión fingiendo que sus canciones eran sobre una mujer en lugar de Dios.

Así que toda la noción del amor romántico era una mentira. Era un encubrimiento de un anhelo que es espiritual, no un deseo por una persona humana. Fue creado para venerar algo que en realidad no se puede lograr en el plano físico. El amor romántico no tenía la intención de resultar en lo que hoy consideraríamos una relación. En cambio, se trataba de un suspiro nostálgico: la esencia del amor romántico es que sientes dolor anhelando a una persona perfecta que no existe y que no puedes tener.

Celebramos el amor romántico; queremos amor romántico; Personalmente amo la fantasía del amor romántico.

Todo el mundo ha tenido momentos de amor romántico perfecto, ¿verdad? y por cuanto tiempo duro? Horas, días, puedes hacerlo durante años si la persona no está disponible. Si la persona te ha rechazado, puedes fantasear con ella durante décadas. Nunca tuvo la intención de ser algo tangible, o del mundo real.

Osho dijo una vez que todas tus aventuras amorosas románticas se verán frustradas para que así sigas buscando lo que realmente estás buscando: el Amor Divino.

El dolor del amor romántico es bueno para tí (hasta cierto punto)

El amor romántico, como decíamos, tal como lo inventaron los trovadores, es un anhelo espiritual de lo que no se puede tener aquí en el plano terrenal. El objetivo del amor romántico no es realmente un ser humano, es una imagen idealizada, tal vez un recuerdo fragmentado de una persona que alguna vez conocimos. El amor romántico en realidad prefiere no ser correspondido; causando un deseo por alguien que no puedes tener, que te hace sentir tanto que quieres arrancarte el corazón. Elevas al otro a un pedestal por encima de ti y, por lo tanto, eres de menor valor. Para que sea realmente apasionante, ayuda haber sido rechazado.

Si te imaginas que fue porque no eres lo suficientemente bueno o eres deficiente de alguna manera, bueno, eso lleva a una auto-flagelación realmente deliciosa.

¿Podría haber un propósito espiritual para esto? ¿Cómo puede ser bueno para nosotros? Creo que se explica con esta cita de Kahlil Gibran: "Tu dolor es la ruptura del caparazón que encierra tu comprensión." Esto me ha ayudado a entender por qué he tenido dolor; por qué mis pacientes tienen dolor, y por qué la raza humana sufre tanto: porque cuando tenemos dolor se nos parte el corazón y eso nos da la oportunidad de comprender. Podemos comenzar a desarrollar compasión por nuestro propio sufrimiento y empatía por el sufrimiento de los demás. Entonces el Amor comienza a estar disponible, no como una fantasía "mi amante se parece a Brad Pitt" o alguna chica soñada, sino porque me estoy convirtiendo en una persona amorosa con mis vecinos, amigos, familia y seres queridos. Puedo comenzar a buscar a alguien que me ame en lugar de rechazarme y encontrarme indigno, dejándome sintiendo como la escoria del estanque.

Un maestro de tantra que conocí el otro día me dijo: "El corazón que se rompe no es el corazón verdadero." ¡Guau! El corazón verdadero no es el corazónególatra. Nuestros corazoncitos limitados se rompen porque estábamos buscando algo equivocado. Estábamos buscando al Brad Pitt de fantasía que es rico y está en forma y siempre hace las cosas románticas correctas y conduce tal automóvil y va de mi brazo, impresionó a mis amigos. Mi ego puede darse aires de que soy un gran amante, cuando en realidad no soy muy amoroso porque lo que busco es algo para engrandecer a mi ego. Eso es lo que se rompe para que podamos convertirnos en verdaderos amantes.

La mentalidadególatra afirma que, para que yo sea amoroso, la otra persona tiene que ser lo que mi ego quiere que sea. Solo seré amoroso si la otra persona es lo suficientemente buena para mí. Solo amaré si la otra persona es convencionalmente hermosa, o no tiene un tamaño corporal diferente, o no es árabe, musulmán, sirio, judío, negro o blanco, etc. Es la única forma en que podré amar. Eso es lo que está pasando en el planeta: tienes que ser de cierta manera para que yo te ame.

Voy a vivir enamorado

Decidir que "voy a vivir enamorado" es decir voy a hacer esto. Estoy segura de que en tu vida amorosa has llegado a un punto en el que, después de una decepción, has decidido parar. Yo paré durante muchos años, no creía que fuera posible vivir enamorada. Me di cuenta de que, a menos que tengamos la firme intención de "voy a vivir enamorado," es probable que nos rindamos.

Escuché a muchas personas decir que estarían felices de encontrar el amor "si sucede." "Si sucede" no va a suceder. Tuve que hacer un esfuerzo concertado como lo haría para mi carrera. Si tienes más de 30 años, el amor que buscas no va a suceder por arte de magia.

Como me dijo una de mis alumnas, quien conoció al amor de su vida "mágicamente" después de trabajar en sí misma diligentemente durante diez años. Estar "enamorado" es una decisión, no es algo que pueda o no suceder en una tierra de hadas en el cielo.

La ley de la atracción que dice que si estamos irradiando todo bien, aparecerán, hay una cierta verdad en eso, pero no en la forma en que la gente piensa. Lo primero es tener bien claro que vas a vivir enamorado, y luego vas a necesitar hacer un plan de acción. ¿Cómo vas a conocer a alguien? No funciona dejarlo solo al azar. Mira hacia adentro y pregúntate si sientes que estás haciendo lo suficiente. Ciertamente yo no pensaba tener 150 primeras citas, pero eso fue lo que se necesitó. ¿Estás dispuesto a esforzarte? ¿Dónde te vas a poner frente a una persona para "mágicamente" conocerla? El consejo de citas convencional es no salir a menos que este sea el verdadero. Consecuentemente, estamos sentados en casa viendo Netflix.

Si empezamos a ejercitar la capacidad de abrir nuestro corazón a las personas, incluso si no son el verdadero, nos acercamos mucho más a atraer a nuestro amado porque comenzamos a vibrar con la frecuencia del amor. Comienza diciendo "no quiero estar solo," "voy a vivir enamorado," incluso antes de conocer al verdadero.

¿Como me abro mas al amor?

Surge la pregunta: "¿Cómo me abro más al amor?" Si estoy trabajando en mí mismo para convertirme en una persona más amorosa y buscando un mayor placer emocional y sexual, ¿cómo lo hago?

Te ofrecería una perspectiva hermosa y alucinante de una de mis maestras, Radha Luglio, que tiene una clientela numerosa de tantra en Italia. Cuando se le hizo esta pregunta, ella respondió: no es una cuestión de cómo me abro más, es una cuestión de dónde estoy estancado.

Guau. En este momento, si presto atención, puedo decir dónde estoy estancado. Y todavía tengo que conocer a una persona que, cuando se le pregunta dónde está estancado, no pueda identificarlo inmediatamente. ¿Es una opresión en el vientre, en la garganta?

¿Hay una restricción alrededor del corazón, la respiración, los genitales? ¿Será un estancamiento de una relación anterior que necesita ser aclarado? Tal vez se ha endurecido el corazón, o es un deseo de parar.

Es justo aquí en el momento presente. Cuando podemos entrar y hacer un trabajo profundo en psicoterapia que definitivamente ayuda, pero en este momento, ¿dónde me estoy resistiendo al amor? Puedes preguntarlo en este momento a ti mismo; Puedes preguntarlo en una cita para cenar. Mis emociones parecen congelarse; me recuerda esto a mi madre? ¿O no me gusta la gente así, o simplemente tengo miedo?

Puedes escanearte mientras haces el amor: ¿dónde estoy deteniendo, dónde me estoy tensando? ¿Cómo me estoy protegiendo del amor en este momento? ¿Qué me estoy diciendo a mí mismo? ¿Qué está diciendo mi mente? Muchas veces cuando hacemos el amor nos da miedo ir un poco más allá, ¿no? Da miedo tener más intimidad, pero esto es sobre mí; no es culpa de la otra persona.

No soy más amoroso porque él/ella no está haciendo bien el amor; podemos tratar de hacer que sea su culpa a menos que podamos ser fuertes y veraces y preguntarnos, ¿cómo me estoy deteniendo en este momento del amor y el placer?

Siempre estamos tratando de culpar a alguien más de por qué no estamos amando. Ayuda a entrar realmente en el cuerpo y sentir dónde está el patrón de retención e identificarlo. La conciencia cambia las cosas. El solo hecho de que hayas asumido la responsabilidad de tu propio amor y placer - en lugar de culpar a alguien o algo fuera de ti - cambia toda la experiencia. Entonces puedes respirar más plenamente en el momento presente, enfrentar tus miedos, comunicarte y expandirte a áreas de felicidad aún desconocidas.

Abogando por el amor

Entonces, lo que estamos defendiendo es ver realmente cómo la visión convencional del amor en realidad destruye al amor, y luego hacer el esfuerzo necesario para convertirnos en amantes, es decir, en personas que verdaderamente aman. Tomar la decisión de ir en contra de la visión mundial convencional de las citas para consumidores que deciden qué nuevo y brillante objeto comprar. Optando por no ser personas cuyas mentes en lugar de corazones mandan, analizando quién es o no digno de amor en base a un conjunto de prejuicios tan insidiosos como el racismo o la intolerancia religiosa.

En el mundo de hoy tenemos un problema de odio; y según la Organización Mundial de la Salud, tenemos un problema creciente de soledad y aislamiento que es tan perjudicial para la salud como fumar y enfermedades del corazón.

Hay muchas personas solteras sentadas en sus casas sintiéndose solas y sin esperanza; no pueden encontrar el amor en una ciudad de diez millones de personas. No tiene sentido. El problema no es que no haya nadie a quien amar. El problema es que no amamos lo suficiente como para poder ver la abundancia de posibles amantes.

Una forma en la que tiene sentido es que si trabajo en mí mismo para convertirme en una persona amorosa, tendré diez millones de amantes. Si hay diez millones de personas en la ciudad, yo tengo potencialmente diez millones de amantes, eso es algo sexy, ¿no?

Cuando rebosamos de amor, amamos todo. ¿Recuerdas esos momentos que has tenido cuando amas a todo y a todos? Esos tiempos a menudo no duran mucho, pero trabajando en ti mismo puedes mantenerlos por períodos más y más largos. Todas las personas y todas las cosas te parecen correctas;

ahí es cuando eres un verdadero amante. ¿Qué tan amoroso soy? Esa es realmente la pregunta.

EJERCICIOS DE CITAS TÁNTRICAS

Estos ejercicios de citas tántricas fueron diseñados específicamente para ayudar a aumentar nuestro amor hacia nuestros semejantes:

1) Los ojos: Tus falsos amigos

Hemos sido condicionados a buscar el amor solo en personas que se ven de cierta manera, visten de cierta manera, actúan de cierta manera, y entramos en el mundo de las citas con solo este estereotipo en mente. Cómo práctica, primero observa a las personas como lo haces normalmente. Luego, busca cuidadosamente las características atractivas en las personas que normalmente descartas e.g. esa persona se ve amable, esa persona -parece que ha tenido un día difícil y le vendría bien una sonrisa, esa persona parece ser un buen proveedor para sus seres queridos. Fíjate si hay alguien que encuentres sexualmente atractivo aunque, según el condicionamiento general, no sea tu tipo. Puedes mantener esto en secreto si quieres.

2) La meditación del huevo

Diseñado principalmente para mujeres, los hombres también pueden practicar la meditación del huevo si quieren profundizar su comprensión de la energía yin.

3) y 4) Citas Tántricas *Metta* y *Tonglén*

Prácticas orientales tradicionales para cultivar la compasión adaptadas para las citas tántricas.

5) Practicar los principios de las Citas Tántricas

Preguntas para tu reflexión personal para descubrir cuales son tus bloqueos para amar.

6) El amado perfecto en este momento

Si, éste.

EJERCICIO #1: Los ojos—Tus falsos amigos

A menudo envío a mis pacientes solteros a Starbucks para que se sienten y miren a la gente, de una manera diferente a la que están acostumbrados. Les pido que busquen personas que se vean amables, responsables, confiables: el tipo de persona, por ejemplo, con quien piensan que sería divertido entrenar en las pequeñas ligas después del trabajo. Las personas a menudo se enredan en sus vidas amorosas porque el tipo de persona que sería un buen padre para sus futuros hijos no se parece a la persona que alimenta sus fantasías eróticas.

Cuando estudiaba Tantra en la India, hacíamos muchos de nuestros ejercicios con los ojos vendados. Cuando no podíamos ver, aprendimos a leer la información que nuestros cuerpos captaban sobre una persona, como si se podía confiar en ellos o no, o si su energía era o no compatible con la nuestra.

Experimentando en tal ambiente de confianza y vulnerabilidad, acabamos todos enamorados unos de otros sin importarnos a quienes nuestros ojos pudieran haber prejuzgado como indignos.

Me parece que la forma en que la industria de la publicidad gasta miles de millones para convencernos de que solo las personas que se ven de cierta manera son deseables puede estar relacionada con nuevas estadísticas alarmantes sobre un aumento del 60% en los informes de soledad crónica y paralizante. Se nos alienta infinitamente a centrarnos en los abdominales y la sensualidad, no en si una persona sería un buen amigo o pareja. Algunas de las imágenes que venden perfumes son francamente aterradoras; si observas lo suficientemente de cerca, varios de los modelos masculinos, aunque convencionalmente bien parecidos, tienen la mirada amenazante de un violador.

Los informes de mis clientes cuando vuelven de Starbucks son que esta práctica es revolucionaria. Para muchos de ellos que acuden a mi solos y deseando tener una pareja, sus ojos se han convertido en sus falsos amigos, haciendo que busquen un estereotipo que no los llevara a la felicidad.

Osho, el gran maestro del Tantra, alguna vez dijo: "Si estás solo y solitario, es solo porque tienes demasiados criterios sobre tu amor."

Incluso si no te interesa tener citas o encontrar una pareja, considera como el ser tan dependiente principalmente de tus ojos para obtener información podría impedirle a explorar más a fondo el olfato, el tacto, el sonido y el gusto. Cerrar los ojos, salir del ámbito de lo visual, es una de las prácticas mas transformadoras que podrías emprender. De la misma manera que el silencio puede ser el sonido más hermoso de todos, no ver de la forma en que te han enseñado a ver podría ofrecerte una visión inesperada.

EJERCICIO #2: La meditación del huevo

Inventé La meditación del huevo después de leer *Convirtiéndose en Mujer* de la Dra. Toni Grant. En este libro fue la primera vez que me encontré con la idea de que, como mujeres, estamos perdiendo nuestro yin. La Dra. Grant nunca usó ese lenguaje, pero como Junguiana enseñó que los humanos están hechos de diferentes componentes o sub-personalidades, y que como mujeres modernas; estamos enfatizando nuestras partes activas de "hacer" a expensas de nuestras partes tranquilas de "ser." Hoy en día, las mujeres estamos ocupadas expresando nuestra asertividad: convirtiéndonos en directoras ejecutivas, desnudándonos para nuestros amantes y estando en la cima. Rechazamos lo que clásicamente se ha considerado femenino: ser callada, receptiva y recatada. Todos somos yang y no yin.

Cuando tomé educación sexual en la escuela secundaria, nos mostraron el video más increíble de un huevo siendo impregnado por un espermatozoide. Allí estaba ELLA sentada, inmóvil, resplandeciente, majestuosa, radiante, esperando pacientemente en todo su esplendor. Los espermatozoides se movían y retorcían y competían por una posición, todos ellos ansiosos por penetrarla.

Un pequeño renacuajo victorioso finalmente tuvo éxito. El huevo no movió ni un músculo y, excepto por un pequeño chillido de éxtasis cuando entró, parecía indiferente a toda la experiencia.

Según los informes, la forma antigua de persecución era así: los hombres perseguían a las mujeres que no estaban activas. Los hombres hacían todo el trabajo. Luego, durante los cambios radicales de los años 70, Germaine Greer exhortó a las mujeres a tomar la iniciativa y buscar a los hombres que quisiéramos; parecía una buena idea en ese momento. Los hombres y las mujeres ciertamente deben hacer lo que sea correcto para su temperamento personal. Sin embargo, ni los hombres ni las mujeres modernas tienen ninguna conexión con su yin interno.

Me tomé un tiempo y medité en el huevo, imaginándome cómo ella: sentada en silencio, irradiando, esperando. Después de practicar un par de veces, lo puse en práctica allá afuera. Como soy una mujer de apariencia promedio, nunca me habían abordado tanto en los bares, así que, como de costumbre, me senté y observé a todas las bellezas moverse entre sí. Cerré los ojos allí en mi taburete e hice mi Meditación del Huevo, visualizándome como el huevo de la reina, resplandeciente, inmóvil y tranquilo.

Cuando abrí los ojos, para mi sorpresa, varios hombres atractivos se habían levantado, compitiendo por una posición. Nunca se me habían acercado tanto en toda mi vida como esa noche.

Yang está buscando a yin, que tanta falta hace en el mundo de hoy. No esto sugiriendo que las mujeres renuncien a los logros que hemos obtenido, ni mucho menos. Pero tanto a los hombres como a las mujeres les falta el elemento del yin. Por eso algunos hombres creen que quieren mujeres más jóvenes o sumisas. La mayoría de los hombres modernos realmente no quieren sumisión; quieren una pareja que sea digna. Pero yang busca a yin y no más yang. Tiene que haber un equilibrio.

Así que solo por unos minutos, imagínate ... como la reina huevo, sentada sin moverte... poniéndote completamente en contacto con tu lado femenino.

EJERCICIO #3: Citas Tántricas
Metta

Metta es una palabra sánscrita para amistad, buena voluntad, bondad amorosa. Cómo práctica tiene muchas formas, muchas traducciones. Aquí hay una simple para que la uses para desarrollar y expandir tu amor y bondad hacia los demás:

Acuéstate o siéntate cómodamente con los ojos cerrados. (Esta oración también se puede decir en cualquier lugar o en cualquier momento de una forma sigilosa, y nadie necesita saberlo). Comienza a respirar y repite la siguiente oración:

Puedo ser feliz

Puedo estar en paz

Puedo estar a salvo

Puedo despertar

A mi verdadera naturaleza.

Ser libre.

Piensa en alguien que necesite esta oración, alguien que tal vez te haya hecho daño, o alguien que tiene problemas para amar:

Puede que seas feliz.

Que estés en paz

Que estés a salvo.

Que despiertes a tu verdadera naturaleza.

Que seas libre.

Luego visualizarnos a todos nosotros en el mundo, juntos:

Que todos los seres sean felices.

Que todos los seres sean pacíficos

Que todos los seres estén a salvo.

Que todos los seres despierten a su verdadera naturaleza.

Que todos los seres sean libres.

EJERCICIO #4: Citas Tántricas *Tonglén*

Tonglen es una práctica budista tibetana para desarrollar la compasión al dar y recibir. El propósito es reducir el egoísmo, purificar el karma y desarrollar y expandir la bondad amorosa. Se dice que el Dalai Lama practica Tonglén todos los días, y Pema Chodron ha escrito y hablado al respecto.

Comienza por sentarte o acostarte tranquilamente y comienza a observar la respiración. En la próxima inhalación, imagina respirar el dolor de otras personas, personas cuyo dolor es muy real para ti de alguna manera. Podría ser alguien que conoces, alguien de quien conoces, o un grupo de personas, como refugiados, niños en edad escolar o tu familia. Inhala con el anhelo de aliviar su sufrimiento.

Luego, al exhalar, envía con tu aliento a esa persona o grupo, consuelo y felicidad, amor y alegría. Repite la inhalación y la exhalación, dando y recibiendo, hasta que sientas que tu propio corazón se expande con amor.

Practicando Citas Tántricas, podríamos imaginarnos respirando el dolor y el sufrimiento de todas las personas solteras que no tienen suficiente amor en sus vidas, y enviarles amor, alegría y felicidad a todos.

Osho alguna vez dijo: que nadie tiene nada de malo excepto que no reciben suficiente amor. Intentemos, de nuestra pequeña manera, rectificar esa situación.

EJERCICIO #5: Practicando los principios de Citas Tántricas

Para poner en práctica los principios de las citas tántricas, es útil examinar más de cerca lo que podría estar frenándonos del amor. Usando un diario o simplemente sentándote en silencio, medita sobre estas cuestiones:

1. Nos han lavado el cerebro para que aceptemos una lista de criterios de búsqueda convencionales basados en la apariencia, la edad, el estado financiero, el tamaño del cuerpo y otros prejuicios no muy amorosos. Desde una mentalidad tántrica, podríamos preferir crear una lista de criterios amorosos para guiarnos. Los ejemplos pueden ser: compasivo, amable, se muestra al servicio de los demás, hace algún tipo de trabajo voluntario, y está en un camino de crecimiento personal. Enumera

tus criterios originales y los nuevos. ¿Qué lista es más probable que atraiga amor a tu vida?

2. Considera algún momento en que la "química" te orientó mal. ¿Qué aprendiste de eso?

3. Recuerda un momento o una relación en la que te sentiste rechazado, o cuando sentiste que tenías que rechazar a alguien. ¿Hay alguna manera de replantear esa historia para que nadie, incluyéndote a tí mismo, salga lastimado?

4. Si vivo en un mundo en el que todos están evolucionando y somos hermanos y hermanas espirituales ayudándonos unos a otros a crecer, ¿cómo cambia esto mi forma de pensar cuando tengo citas? ¿Puedo permitir que otras personas busquen torpemente el amor, como yo?

5. Todos somos una mezcla de cualidades yin y yang. Anteriormente se consideraba correcto que los hombres fueran yang y las mujeres yin, pero pocos de nosotros queremos volver a vivir en ese tipo de mundo. ¿Cuáles son tus puntos fuertes yang?

¿Qué hay de tu yin? ¿Qué cualidades yin, quizás, porque aún vivimos en un mundo principalmente patriarcal, haz juzgado con dureza en ti mismo o en los demás?

6. Siéntate, relájate, respira y dirige tu atención hacia adentro. ¿Dónde sientes tensión en este momento? Sin tratar de cambiarlo, observa y toma conciencia: ¿a menudo sientes tensión en este lugar? ¿Es algo crónico, o es la primera vez que lo sientes? ¿Si prestas atención y respiras profundo se suaviza en algo? ¿Cómo interfiere esto con la posibilidad de experimentar más placer? Vuelve a respirar exhala y déjalo ir...

7. ¿Cómo podría yo ser una persona más amorosa?

EJERCICIO #6: El amado perfecto en este momento

Lo has escuchado muchas veces: la verdad está en el momento presente. El pasado se compone de recuerdos que no siempre son precisos, como seguramente has notado, y el futuro aún no ha sucedido, por lo que todo son conjeturas. Intercalado en el medio se encuentra el momento presente como la única realidad.

Tuve una experiencia abrumadora de esto sentada en silencio en los Burning Ghats, el lugar donde los indios queman a sus muertos. Me gustaba ir a sentarme allí y contemplar el río con las vacas, los pastores y las mujeres que lavaban telas de colores en la orilla. El sol brillaba en lo alto con solo unas pocas nubes, los sonidos de la vida murmuraban lejos de este templo de la muerte, el aire era rico y acre como en la India. De repente, una conciencia me recorrió la columna TODO ES PERFECTO EXACTAMENTE COMO ES. Esto llenó mi cuerpo con una transmisión de vibraciones durante no sé cuánto tiempo, una experiencia real y tangible, no algo que leí en un libro o pensamientos ociosos de la mente. Mi vida cambió para siempre.

Si es cierto que todo es perfecto en el momento presente, el AMOR también debe estar presente. Si no estoy consciente de ello es porque mi mente y mis prejuicios me impiden serlo. Si el momento presente es perfecto, cualquier persona con la que estoy es el Amado Perfecto en este momento. No necesariamente en el próximo momento, o dentro de un mes o un año, pero ¿quién sabe?

Practica ver a quienquiera que esté contigo en este momento como tu Amado Perfecto. Si estás sentado en el Coffee Bean y un hombre de 50 años está sentado a tu lado, practica decirte a ti mismo en silencio: "Este es mi amado perfecto en este momento." Si estás recibiendo un masaje y disfrutas de las manos de un extraño acariciando tu cuerpo, dite a ti mismo: "Este es mi amante en este momento." Si estás en una cita y no te sientes atraído, dite a ti mismo: "En este momento, aquí es donde está el amor. Depende de mí en este momento si reconozco el amor o no."

Todo es perfecto en el momento presente.

Esta persona es mi Amado Perfecto en este momento.

Este es mi amante en este momento.

En este momento, aquí es donde está el amor.

Depende de mí en este momento si reconozco o no el amor.

Reconocimientos

Gracias a Radha Luglio, Margot Anand, Carolyn Graham Muir, Charles Muir, Sunyata Saraswati, Bodhi Avinasha, Vince Kelvin, Mystery, Prem Prasad, Osho International Meditation Resort, SkyDancing Tantra, Source School of Tantra, Human Awareness Institute, Peter Rengel y sobre todo, Osho.

Gracias a Houdini Owens quien sugirió que el libro debía incluir mi historia. Gracias por los comentarios honestos y por los continuos viajes en integridad y verdad.

Gran agradecimiento a mi diseñadora y editora de libros, Lilly Penhall, por el trabajo detallado y las sugerencias bien pensadas. Gracias por preocuparte por mi trabajo.

Y, por supuesto, a mi marido, Greg Lawrence, que quería salir conmigo incluso después de leer este libro. Nuestro encuentro me ha enseñado que realmente es posible que todos los sueños se hagan realidad, si estás dispuesto a trabajar por ellos. Juntos encarnamos lo que viene después de las

Citas Tántricas: la creación de una relación tántrica de alma gemela perfecta.

Nota: Me hubiera gustado agradecer a más maestras, pero descubrí que la mayoría de las guías de citas femeninas y escritoras continúan sin darse cuenta de la mentalidad convencional de que las mujeres son víctimas potenciales de los hombres en los reinos del amor, y que si las mujeres se vuelven sexuales, "perdemos" algo.

Mi experiencia hablando con amigos, clientes y hermanos espirituales es que los hombres sufren tanto por el amor y las relaciones como las mujeres, y que no necesitamos protegernos de ellos o del sexo.

About the Author

Catherine Auman, LMFT (Terapeuta Matrimonial y de Familia Licenciada) es psicoterapeuta espiritual y directora de The Transpersonal Center. Tiene una formación avanzada en psicología tradicional, así como en las tradiciones de sabiduría. Catherine vivió durante un año en el ashram de Osho en la India —una inmersión a tiempo completo en Tantra y meditación— y ha estudiado y practicado tantra, amor, sexo, intimidad y seducción con numerosos maestros.

Vive en Los Ángeles con su esposo, Greg Lawrence, con quien enseña Tantra y cómo mejorar las relaciones.

Conéctate con Catherine Auman

Sitios web:	catherineauman.com
	thetranspersonalcenter.com
Facebook:	catherineauman.author
Instagram:	@catherineauman
Youtube:	catherineauman
Eventbrite:	thetranspersonalcenter
Email:	info@catherineauman.com

Crea y atrae el sexo, amor y romance de tus sueños con *La serie maestra de Tántrica*

Imagínate en una relación de alma gemela perfecta llena de sexo, amor y romance.
Ábrete al amor y la conciencia.
Estos tres hermosos libros enseñan cómo lograrlo.

- *Citas Tántricas*
- *Unión Tántrica*
- *Relaciones Tántricas*

**Cómpralos ahora en linea o en tu librería favorita
Impreso, Electrónico, o Audiolibro**

Obras de Catherine Auman

Libros

La serie maestra de Tántrica

Relaciones Tántricas: Consejos para relacionarse y encontrar y mantener el sexo, amor y romance

Unión Tántrica: Utilizando los secretos Tántricos para crear una relación llena de sexo, amor, y romance

Citas Tántricas: Trayendo amor y conciencia al proceso de las citas

Citas conscientes: Trayendo amor y bondad al proceso de las citas

Guía de L.A. espiritual: Lo irreverente, lo elevado, y lo verdadero

Camino corto a la consciencia: 100 maneras de crecer personal y espiritualmente

Llena tu práctica administrando atención

Clases

Tantra: La ciencia de crear tu alma gemela

Tantra: Las bases del tacto consciente

Secretos Tántricos acerca de la mujer
Secretos Tántricos acerca del hombre
Tantra y los psicodélicos del sexo
MDMA y Terapia de parejas

Grabaciones Audio
Inducción al sentir Tántrico
Profunda relajación
Respiración consiente

www.ingramcontent.com/pod-product-compliance
Lightning Source LLC
Chambersburg PA
CBHW070117080526
44586CB00013B/1322